Andreas Knapp

Höher als der Himmel

Göttliche Gedichte

Höher als der Himmel

Göttliche Gedichte
von Andreas Knapp

echter

Orte des Wortes

wo bist du

ich rudere
zu gott
ins uferlose

ich greife
nach gott
ins unfassliche

ich schreie
nach gott
ins unerhörte

ich spähe
nach gott
im aussichtslosen

ich brenne
nach gott
noch im erloschenen

Jerusalem

der Muezzin
offenbart die Größe Gottes
in Dezibelstärke
und dreht den Lautsprecher auf

der Rabbi
steckt die hebräische Besitzurkunde
in den Briefschlitz der Mauer
und ist sich Gottes Siegel sicher

der Priester
wähnt Gottes Gegenwart
in einer Grabeskapelle
und verteidigt seine Weihrauchgrenze

Gott aber ist taubstumm
kann nur armenisch lesen
und kauert mit ausgestreckter Bettlerhand
in der via dolorosa

andiner Götterweg

Berge hochgestuft zum Himmel
und Seen als verspiegelte Tempel
Minen führen katakombengleich ins Tiefe
Götter oben und unten
die Toten aber müssen wandern
bis zum Anfang allen Lebens

trink Pacha Mama trink
unstillbar dürstet die Erde
nach Chicha und Blut
Trommeln und Zampoñas laden zum Tanz
bis der Kosmos trunken sich dreht
im Reigen mit seinen Verehrern

Goldsucher kamen
fanden aber bloß Menschen
machten diese zu Geld
wieder trank die Erde Blut
Kreuz hieß das neue Fremdwort
für das alte Leid

als die hingequälten Indios
dem blutenden Gekreuzigten
zum ersten Mal ins Antlitz schauten
da war es ihnen freilich
als hätten sie auch ihn
schon immer gekannt

Frauenkirche

nach männlichem Kriegswahn
himmelragender Torso
auferstanden aus Ruinen
Taube aus der Asche

doch immer noch stehen
Frauen in Schwarz
Mahnmal mit Kerzen
gegen die neuen Kriege

beim Betreten der Kathedrale

dunkel das Gesicht
noch
doch
schreite ich ins Licht

Tabernakel

brennt und verbrennt nicht
die rote Lampe
stand by
du bist der
ich bin da

ausgebrannt
und errötend
sinke ich in die Knie
bin ich der
ich bin

römischer Bogen

siegesstolz
ziehen Eroberer
durch Triumphbögen
an den Pfeilern klebt Blut

prunkvoll
schreiten Würdenträger
durch hohe Portale
ins Äußerliche

übermütig
fällst du
mit der Tür ins Haus
der anderen

demütig
in sich
zu gehen
welch Nadelöhr

Madonna

in der Schwerelosigkeit
kindlicher Unschuld
als erste der Menschen
den Fuß auf den Mond gesetzt

umgeben vom Sternenkranz
leuchtender Kerzen
in jeder Flamme
brennt eine Träne

bedrängt von der Ohnmacht
so vieler Bittsteller
zeigst du als Antwort
auf dein nacktes Kind

AVE MARIA unter dem Kreuz

Betrübt bist du, Maria,
voll der Schmerzen.
Der Herr ist nicht mehr mit dir.
Du bist die verlassenste unter den Frauen
und gottverlassen ist die Frucht deines Leibes,
Jesus.

Heilige Maria, Mutter Gottes,
bitte für uns Zweifler
in der Stunde unserer Gottesferne.
Amen.

verlassene kirche

über dem portal
flugunfähige engel

im windfang
petrus fischt mit einem spinnennetz

ausgetrocknetes weihwasserbecken
staub bist du

vierzehn nothelfer
gut abgehängte ladenhüter

das ewige licht
vor dem ablaufdatum erloschen

der barocke altar
brotloses kunstwerk

zu essig der letzte wein
der gekreuzigte wendet sich ab

zweifel

manchmal fürchte ich

dass gottes blick
kurzsichtig ist
und er mein leises zittern
nicht bemerkt

dass seine arme
zu kurz greifen
und er das elend des erdballs
nicht umfangen kann

dass seine brust
kurzatmig nach luft ringt
und er den toten
kein leben mehr einhauchen kann

dass sein gedächtnis
nach kurzzeit erlischt
und er sich an mich
nicht mehr erinnert

gottesferne

kein auge
das über uns wacht

kein ohr
das sich uns zuneigt

nicht einmal eine hand
die uns auffängt

vielleicht aber schlägt
in einem pulsar
lichtjahre weit weg
gottes herz
noch leise leuchtend
für uns

von gott aus gesehen

ist unser suchen nach gott
vielleicht die weise wie er uns auf der spur bleibt
und unser hunger nach ihm das mittel
mit dem er unser leben nährt

ist unser irrendes pilgern
das zelt in dem gott zu gast ist
und unser warten auf ihn
sein geduldiges anklopfen

ist unsere sehnsucht nach gott
die flamme seiner gegenwart
und unser zweifel der raum
in dem gott an uns glaubt

Göttliches von Zeit zu Zeit

advent

advent advent
die zündschnur brennt
die welt währt nicht ewig
der count-down läuft
unser totenkranz wird
aus angsttrieben geflochten

doch von kerze zu kerze
springt ein hoffnungsfunke über
wenn du für IHN
zu brennen beginnst

adventskalender

tag für tag
schließt sich leise
ein türchen deines lebens

und deine möglichkeiten
fallen unwiderruflich
ins schloss

die verriegelte tür
in der mitte aber
du selbst

öffnest du dich
vielleicht schaut dich dann
überraschend ein kind an

moderner Advent

als der Mensch
anstelle von Gebeten
giftige Gase
zum Himmel schickte

tauten die Himmel
nicht mehr den Gerechten
sondern saurer Regen
fiel herab

die Erde zu Tode versiegelt
unter schwarzen Leichentüchern
kein Grün sprosst mehr
aus Mutterboden

wir haben die Welt
im tödlichen Griff
in unseren Programmen ist
für Überraschungen kein Platz

wir gehen
an uns selbst zugrunde
oder wartet noch jemand
auf ein Geschenk

Weihnachtsstern

Meteoriten stürzen
donnernd zur Erde
stählerne Raketen
mit tödlichen Bomben
alles Leben zerstörend
im weiten Umkreis

ein Stern aber fiel
so sanft zur Erde
Flügelschlag einer Taube
ein Rascheln im Stroh
alles Leben neu geboren
auf dem ganzen Erdkreis

weihnachtstraum

von wegen harmonisch
der weihnachtsmarkt wird
von der börse diktiert
die kriege nehmen kein ende
christbäume schweben
über dem bombenteppich
im überheizten wohnzimmer
das eisige schweigen
du bist es müde

schläfst ein
und findest dich im
wunschtraum paradies
der löwe liegt friedlich
mit dem ochsen im stroh
ein esel singt glor-ia
schwarzweiß und farbig
wandern gemeinsam
unter einem guten stern

plötzlich du erwachst
hat da nicht
ein kind gerufen

krippe

im gedroschenen stroh
des leeren geredes
kein körnchen wahrheit mehr

täglich wächst der hunger
dass ein wort geboren werde
nahrhaft wie ein weizenkorn

das wort will fleisch werden

wenn worte wirklich etwas sagen könnten
und nicht nur
hohle hülle blieben

wenn worte fingerspitzen hätten
und sich einfühlen könnten
bis unter die haut

wenn worte hand und fuß bekämen
und schrittmacher wären
für eine bessere welt

wenn worte etwas bewegen könnten
und ihre wahrheit
mit händen zu greifen wäre

wenn gott selbst ein solches wort wäre
in fleisch und blut
uns übergegangen

Geburt bei den Hirtenfeldern

in dieser Nacht
sind die Wölfe weg
Wetterleuchten zerstreute sie
ins Dunkle
und ein Lamm
kam zur Welt
im Sternzeichen
der Unschuld

bald aber werden sich
die Wölfe wieder sammeln

nur ein Strohhalm

kein kindgerechtes Biotop
nur ein Stallgeruch
gegen den selbst Weihrauch
nicht ankäme

kein Hirtengeflöte
nur ein Bretterverschlag
und Wind pfeift
durch das letzte Loch

kein Rauschen goldener Engel
nur das Gesurre
lästiger Fliegen
zum Teufel mit ihnen

kein Kometenleuchten
nur ein Strohstern
zufällig hingeweht
und wieder zerstört

kein Allmachtsgott
nur ein Kind
in seinem Lächeln aber
Geburt von Liebe

Krippe und Grab

ich hatte keine Wahl
ER aber wollte geboren werden
so erblickte das Licht der Welt
das Dunkel unsrer Erde

lichtscheue Ängste
und finstere Machenschaften
ertrugen das Leuchtende nicht
erstickten es unter einem Grabstein

nach der Nacht in Dunkelhaft
drei endlose Tage lang
entflammte das Licht neugeboren
auf immer Wiedersehen

epiphanie

gold
zu kalt zu schwer
das kind wehrt schreiend ab
jeden falschen schein
in gold we don't trust

weihrauch
hustenanfall tränende augen
von anfang an allergisch
gegen beräucherungen
von menschen

myrrhe
die einzig wahre gabe
salbe auf geröteter haut
in wunden und sterblichkeit
erscheinung des göttlichen

aschermittwoch

mitten in der woche
nach ausgebranntem fest
der graue alltag kehrt wieder
mit seinem täglichen kreuz

mitten im leben
ausgeglühte hoffnungen
und deine luftschlösser
in schutt und asche

mitten im tod
auf aschfahler stirn
flammt plötzlich auf
dein neuer name

Palmsonntag

ein Ölzweig
schnell vom Baum gerissen
macht noch keinen Frieden

die begeisterte Menge
ist wankelmütig
und hängt ihre Palmen
nach dem Wind

so schnell
lässt man dich fallen
du kommst auf keinen
grünen Zweig mehr

jetzt wartet
Totholz auf dich

wandlung am gründonnerstag

er füllt wasser
in die krüge
zum waschen der füße
der herr wird zum knecht
das wasser zu wein
das flüchtige brot zur leibspeise
die knechte zu freunden
der wein zu blut
und der tod

karfreitag

er kruzifixiert
damit wir ganz gelöst sind

er entblößt
damit wir uns nicht zu schämen brauchen

er zur schau gestellt
damit wir uns sehen lassen können

er unser notnagel
damit wir nicht abstürzen

er gescheitert gestorben
damit wir unsere zerbrechlichkeit leben können

die neunte stunde

gott hält den atem an
eine schrecksekunde lang
geht er sich selbst verloren
jesus mein jesus
warum hast du mich verlassen
jetzt hat dem tod
die letzte stunde geschlagen

grablegung

und wieder wird
ein stein gesät
auf dem acker
des todes

doch
o wunder
es ist
ein samenkorn

emmaus

ich lief weg
ganz benommen
vernagelt in meinen schmerz
todtraurig in mich selbst vergraben

ach du
ich hatte gar nicht mehr bemerkt
dass du ja auch noch da bist
den ganzen weg schon
ob ich ein stück brot will
eigentlich habe ich
keinen appetit aber
danke

mir wird ganz heiß
du hast den ganzen weg über
meinen selbstgesprächen zugehört
ach
und nicht nur du

gartendrama

in einem garten hab ich mich
an fremder frucht vergriffen
der tod liegt mir schwer im magen

in einem garten hast du
unter zitternden ölbäumen eingewilligt
zum gottesknecht gesalbt zu werden

in einem garten hat man dich
eilig ohne totenbalsam
in fremde erde gelegt

in einem garten ist über nacht
von hand eines geheimnisvollen gärtners
neues leben aufgeblüht

Thomas

keinen Heiligenschein
will ich sehen
kein strahlendes Lächeln
in Siegerpose

einen Helden
würde ich sehen
und doch nicht glauben

an den Wunden aber
erkenne ich den Menschen
und wie dessen Zwillingsbruder
meinen Gott

ostern

im anfang
war der tod
und der tod war alles
und alles war tot

doch dann das wort
liebeserklärung an das leben
und die tote materie
ist fleisch geworden

der tod aber
sitzt tief
und untergräbt
das leben

wenn ER aber
das wort ist
dann hält er wort
behält das letzte wort

himmelfahrt

keine ziellose
fahrt ins blaue
vielmehr

mit weißer wolkenwatte
das firmament gepolstert
wir fallen sanft
in ein himmlisches hoch

die gravitation aufgehoben
alles lastende wird schwerelos
und so leicht wie verliebte
tanzen wir heim

pfingsten

was wir wirklich empfinden
wir können es nicht sagen
die zungen würden brechen

manchmal aber wie vom himmel gefallen
geistesgegenwärtiges verstehen
ich kann dein inneres betreten

alle sprachlosigkeit findet ein ende
es brennt auf der zunge
ich finde mein wort

simultanübersetzung unserer gefühle
es liegt jemand in der luft
der zur liebe bestürmt

Fronleichnam

der Tisch gastfreundlich
in die Straßen verlängert
Vorfahrt für Blumenblätter

folge der Blütenspur
die der Himmel nach sich zieht
Demonstranz des Göttlichen

das Brot zum Anschauen
Konsumieren allein macht nicht satt
nur der Anblick einer Liebe

Bilanz

schon eine halbe Ewigkeit
hat der Buchhalter-Engel
alles Negative notiert
jede Verfehlung festgehalten

jetzt aber schielt er
ungläubig durch die Lesebrille
unter den goldenen Locken
der Stirn strenge Falten

kratzt sich mit der Flügelspitze
hinterm rechten Ohr
wo ist der Rechenfehler
woher kommt nur am Ende das Plus

es ist ein Kreuz
sagt ER beruhigend
und lächelt
eine ganze Ewigkeit

sieben Quellen für den Lebensfluss

taufe

pränatale diagnose
zeigt von anfang an
die erbliche belastung
verstrahlt durch
die überdosis schuld
der ganzen menschheit
mit letalen folgen

taufe aber

heilwasser
aus gutem grund
die altlasten werden bereinigt
alle angst abgewaschen
du wirst in vertrauen gebadet
gegen den tod geimpft
im wasserzeichen des lebens

beichte

was geschehen ist
das bleibt geschehen
so sehr vergangenes vergehen
du auch bereuen magst
du drehst das rad der zeit
selbst mit gewalt und list
nicht einen finger breit
zurück

wenn DU jedoch
mit liebevollem blick
wirst meine hände fassen
und zu mir sagst
alles ist gut
so wird mir weit
und leicht zumut
und selbst das schuldenjoch
kann ich jetzt gut sein lassen
für alle ewigkeit

eucharistie

viel zu zerbrechlich
für diese harte welt
du wolltest
dein letztes stück brot teilen
und auf freundschaft anstoßen

doch die tischgenossen verkrümeln sich
und dein becher zersplittert
als unauslöschliche
erinnerung bleiben
rotweinflecken

firmung

ein ölfleck
auf der stirn
und in den augen
ein feuer

eine hand auf der schulter
rückgratverstärkung
mit beiden beinen
stand und widerstand

du bist erwachsen
zum kind gottes
und dein name
von gott firmiert

ehe

sag doch
ob es für immer ist
ich will keinen garantieschein
und die ringe nie
zur kette geschmiedet
aber den wunsch
dass es nie enden soll
denn zweimal lebenslänglich
ist das nicht liebe
über den tod hinaus
sag doch
ja

priesterweihe

du brichst das brot nicht
mit deinen händen
selbstbewusst und willensstark
um gönnerisch auszuteilen

das brot zerbricht dir
unter deinen händen
ohnmächtig musst du es geschehen
und dich selbst wandeln lassen

krankensalbung

das sterben steckt uns
in den knochen
wir verwesen
bei lebendigem leib
von geburt an
mit tod infiziert

wem liebe aber
wie öl unter die haut geht
gehört zum leib
des gesalbten
dem antikörper
gegen den tod

Kreuzweg

I.
Jesus wird zum Tode verurteilt

Richter,
wie gut kennen Sie den Angeklagten?
Sind Sie bis in die Dunkelkammer
seiner Angst hinabgestiegen?
Sind Sie je in seine Haut gefahren?
Haben Sie sein Zittern
am eigenen Leib verspürt?
Haben Sie die Welt schon einmal
mit seinen Augen gesehen?

Richter,
wie kann ein Mensch,
der sich selber nie durchschauen kann,
über einen anderen richten?

Und bedenken Sie,
Richter,
verurteilen
ist immer tödlich.

II.
Jesus nimmt das Kreuz auf seine Schultern

o Mensch
dein Joch ist bitter
und deine Last
drückt schwer

doch selbst als Verfluchter
segne ich noch
und niedergedrückt
bin ich irgendwie leicht

was im Unerträglichen
mich selber
wunderbar trägt
dass es für dich ist

III.
Jesus fällt zum ersten Mal unter dem Kreuz

der alte Adam
fiel nicht weit vom Baum
zu verführerisch lockten
die todhaltigen Früchte

aus demselben Fluchholz
das Kreuz gezimmert
darunter zusammengebrochen
der neue Adam

der Blick jedoch
zu ihm hinabgesenkt
der ganz am Boden ist
richtet Gefallene auf

denn sein Name
bleibt ins Holz geschnitzt
wie eine Liebeserklärung
Jeshua – Gott rettet

IV.
Jesus begegnet seiner Mutter

schon längst abgenabelt
und bleibt doch für immer
Fleisch von ihrem Fleisch

Transfusion des Schmerzes
für die Übertragung genügt
weniger als ein Blick

unbegrenzt
die Reichweite
mütterlicher Liebe

V.
Simon von Zyrene hilft Jesus das Kreuz tragen

manchmal sind wir
Kopf an Kopf in einer Schlinge
an andere gebunden

in Handschellen
selbst an den größten Feind gefesselt
wir werden ihn nicht los

an dasselbe Geschick geschmiedet
schleppen wir unfreiwillig
fremde Lasten mit uns herum

bis wir eines Tages entdecken
dass an der verhassten Kette
unser Rettungsanker hängt

VI.
Veronika reicht Jesus das Schweißtuch

der einfühlende Blick
einziger Türöffner
in die innerste Kammer des Schmerzes

zitternd trete ich ein
und erlebe dich
von innen

Mitleid macht inwendig
und prägt das Bild des andern
in Gesicht und Herz

VII.

Jesus fällt zum zweiten Mal unter dem Kreuz

wenn jemand zusammenbricht
oder niedergeschlagen wird

schlimm wenn wir ihn
nicht mehr als menschen sehen

nur noch als medizinischen
oder juristischen fall

die welt aber ist mehr als das
was der fall ist

VIII.
Jesus begegnet den weinenden Frauen

ihr Frauen von Jerusalem
weint nicht über mich
so weint doch
über eure Männer
mit den Gesichtern
hart wie Kiesel

ihr Männer von Jerusalem
warum sind eure Mienen wie Erz
habt doch keine Angst
vor eurer Angst
es ist Schwäche
sich zu beherrschen

Tränen aber können
Steine erweichen
so weint doch endlich
über euch selbst
und mit euren Frauen
über die Kinder

IX.
Jesus fällt zum dritten Mal unter dem Kreuz

wie ein fauler Apfel
vom ersten Sündenfall
die ganze Menschheit angesteckt

der neue Adam aber
lässt sich vom Bösen
nicht in die Knie zwingen

von Fall zu Fall
steht er wieder auf
selbst im Todesfall

und im Leidenskelch
reift eine Frucht
die alle heilt

X.
Jesus wird seiner Kleider beraubt

kleider machen leute
nackt aber bist du
ein bloßer mensch

ausgezogen bis aufs blut
der marktwert der haut
zum spottpreis feilgeboten

das ist mein leib
der doch für euch
fleisch geworden ist

am pranger schamloser blicke
ersehnt der neue adam
die unschuld paradiesischer nacktheit

XI.
Jesus wird an das Kreuz genagelt

du lässt dir Unrecht geschehen
und schlägst nicht zurück

du wirst aufs Kreuz gelegt
und breitest arglos die Arme aus

du schaust dem Bösen ins Auge
und glaubst immer noch an den Menschen

du zerbrichst an der Ferne Gottes
und fluchst ihm dennoch nicht

Nagelprobe der Liebe

XII.
Jesus stirbt am Kreuz

vor lauter Durst
schreist du dir
die Seele aus dem Leib

unaufhaltsam rinnt dir
das letzte Leben aus den Wunden
rot um rot

du ringst nach Atem
ein eisiger Luftzug aber löscht
deine innere Flamme

der Tempelvorhang zerreißt
das Allerheiligste steht leer
wo bist du

XIII.
Jesus wird vom Kreuz genommen
und in den Schoß seiner Mutter gelegt

aus dem Schoß gekommen
wieder zum Schoß zurück
doch nur einmal kann
deine Mutter als Eva
Leben dir schenken
ihr Glaube aber durchbricht
den Zyklus der Natur
und sie legt dich
in die Adamserde
wie ein Samenkorn

XIV.
Der Leichnam Jesu wird in das Grab gelegt

Einbahnstraße des Todes
Weg ohne Wiederkehr
Drehtüre und kein Zurück
hinter dem eisernen Vorhang
kein Sterbenswörtchen mehr
Endlager Tod

Hier ruht in Gott
und deshalb vielleicht
vielleicht doch nur
bis auf weiteres

XV.
und kein Ende

noch einmal
wird er angeklagt
und in abwesenheit
für schuldig befunden
wegen störung der grabesruhe
nichtbeachtung der friedhofsordnung
was tot ist
hat zu schweigen
wie ein grab
er aber ist
vom tode ungehalten
anarchist des lebens
ein unruhestifter
über alle tode hinaus

Leipziger Messe

Eingang

1. Das Licht des Him-mels lockt uns von fern,__ und je - der Mensch sucht nach sei - nem Stern. Doch wel-chen Weg soll man wäh - len? Was wird__ am En-de zäh - len?__ Un-ser Weg, das bist nur du, Je - sus Christ. Wo-hin wir ge - hen: Du bist da,__ denn dei - ne Freund - - - - schaft trägt uns ja.

3. Strophe - Schluss

Licht,__ Hal - le - lu - ja.__

78

2.

Das weite Weltall erforschen wir,
die vielen Pflanzen und jedes Tier.
Uns selbst sind wir noch verborgen
und quälen uns mit Sorgen.
Unsre Wahrheit bist
nur du, Jesus Christ.
Was wirklich gilt: Es ist dein Ja.
Als treuer Halt bleibst du uns nah.

3.

Das Leben ist manchmal Tanz und Spiel,
es reizt vielleicht auch ein großes Ziel.
Doch wenn die Träume zerbrechen,
wer kann uns Glück versprechen?
Unser Leben bist
nur du, Jesus Christ.
Und selbst im Dunkel bist du nah
als unser Licht, Halleluja.

Text: Andreas Knapp · Melodie: Melanie Wolfers · © Echter Verlag

Kyrie

V: 1. Wir wen - den uns ab mit ver - schlos -
se - nen Ar - men. Mach du uns doch
weit und schenk uns dein Er - bar - men.
A: Je - sus, du Men - schen - sohn,
Je - sus, du Men - schen - sohn,
Ky - ri - e e - lei - son.

2.
V: Wir sinnen auf Tod und wir wollen zerstören.
Lass uns nur auf dich und dein Lebenswort hören.
A: Jesus, du Davidsohn, Jesus, du Davidsohn,
Kyrie eleison.

3.
V: Wir schließen uns ein und sind blind im Getriebe.
Ruf du uns heraus durch den Blick deiner Liebe.
A: Jesus, du Gottessohn, Jesus, du Gottessohn,
Kyrie eleison.

Text: Andreas Knapp · Melodie: Melanie Wolfers · © Echter Verlag

Gloria

1. Ster - ne, Son - nen und Pla - ne - ten, der Kos-mos un - er - mess - lich weit; Su - per-no - vas und Ko - me -ten, wir stau - nen vor der Herr-lich - keit. Und un - ser Stau - nen wird Lied und Ge - sang, um Gott zu lo - ben mit freu - di-gem Klang.

3. Strophe - Schluss
Gott zu lo-ben mit freu - di-gem Klang.

2.

Blumenwiesen, Rosendüfte,

wie farbenfroh der Kirschbaum blüht.

Vögel zwitschern durch die Lüfte,

im Sonnenlicht das Leben sprüht.

Und alles Leben wird Lied und Gesang,

um Gott zu loben mit freudigem Klang.

3.

Menschen bauen, forschen, schreiben.
Wir wissen und wir leisten viel.
Doch was wird am Ende bleiben?
Allein die Liebe kommt ans Ziel.
Und unsre Liebe wird Lied und Gesang,
um Gott zu loben mit freudigem Klang.

Text: Andreas Knapp · Melodie: Melanie Wolfers · © Echter Verlag

Halleluja

Text: Andreas Knapp · Melodie: Melanie Wolfers · © Echter Verlag

Credo

1. Wir nen-nen dich Va-ter, denn du bist der
Ur - sprung un - se - rer Welt, und
müt - ter - lich schenkst du da - zu, was
in uns das Le - ben er - hält.

KV: Du bist der Gott, durch den die Welt be - steht.
Du bist der Gott, der uns zur Sei - te geht.
Du bist der Gott, der in uns feu - rig weht.

2.
Wir hören dich, Christus, so nah
als das Wort, das uns tief anspricht.
Durch dich ist für uns Gott ganz da
und zeigt uns als Freund sein Gesicht. → KV

3.
Wir spüren dich, Heiliger Geist,
der in uns die Herzen erhellt
und uns aus Verschlossenheit reißt
zum Handeln für unsere Welt. → KV

Text: Andreas Knapp · Melodie: Melanie Wolfers · © Echter Verlag

Gabenbereitung

1. Wir kennen hundert Sorten Brot. Es scheint, als leide niemand Not. Doch unser Leben ist bedroht, denn in uns lauert schon der Tod.

KV: Nur dieses Brot allein, das Jesu Hand uns reicht, und dieser Becher Wein, der seinem Blute gleicht, sie schenken, was das Herz begehrt: eine Liebe, die ewig währt.

2.
Wir trinken süßen schweren Wein,
gereift im hellen Sonnenschein.
Wir wollen endlich glücklich sein
und sind am Ende doch allein. → KV

Text: Andreas Knapp · Melodie: Melanie Wolfers · © Echter Verlag

Sanctus

Text: Andreas Knapp · Melodie: Melanie Wolfers · © Echter Verlag

Lamm Gottes

V: 1. Wir ha - ben ihn zum Sün - den - bock ge -
macht, doch er hat uns das Le - ben neu ge -
bracht. A: Je - sus Christ, du
bist es, der uns hält. Je - sus Christ, er -
bar - me dich der Welt! bar - me dich der Welt!

2.

V: Wir haben ihn als Opferlamm gequält,
doch er hat uns zu Freunden auserwählt!
A: Jesus Christ, du bist es, der uns hält.
Jesus Christ, erbarme dich der Welt!

3.

V: Wir haben ihn als schwarzes Schaf verhöhnt,
doch er hat uns durch Gottes Geist versöhnt!
A: Jesus Christ, du bist es, der uns hält.
Jesus Christ, schenk Frieden unsrer Welt!

Text: Andreas Knapp · Melodie: Melanie Wolfers · © Echter Verlag

Zur Kommunion

Text: Andreas Knapp · Melodie: Melanie Wolfers · © Echter Verlag

Dank

1. Herr, du kennst mich, kennst mich ganz. Du weißt um mei - nen Weg.
2. Ganz tief ge - grün - det in dir lass mich sein, dass ich le - be in dir.

Alternativer Text:

Herr, du kennst mich, kennst mich ganz.

Du weißt um meine Angst.

Ganz tief gegründet in dir lass mich sein,

dass ich lebe in dir.

Text: Andreas Knapp · Melodie: Melanie Wolfers · © Echter Verlag

INHALT

Orte des Wortes

Göttliches von Zeit zu Zeit

sieben Quellen für den Lebensfluss

Kreuzweg

Leipziger Messe

Andreas Knapp, geboren 1958, Priester; nach der Promotion in der Hochschulseelsorge und Priesterausbildung in Freiburg tätig; seit 2000 Mitglied der Ordensgemeinschaft der „Kleinen Brüder vom Evangelium"; lebt derzeit in Leipzig.

Melanie Wolfers, geboren 1971, arbeitete nach ihrer Promotion als Hochschulseelsorgerin an der Universität München. 2004 schloss sie sich den Salvatorianerinnen in Wien an und leitet dort ImpulsLEBEN, ein Zentrum für junge Erwachsene, das Angebote zur Verbindung von Spiritualität und sozialer Verantwortung macht.

Wir danken Sr. Maria Wolfsberger MC für
die musikalische Beratung und Harald Kalamala
für die Erstellung des Notensatzes.

Von Andreas Knapp sind im Echter Verlag
auch folgende Bände erschienen:

Weiter als der Horizont. Gedichte über alles hinaus (7. Auflage)

Brennender als Feuer. Geistliche Gedichte (7. Auflage)

Tiefer als das Meer. Gedichte zum Glauben (4. Auflage)

Gedichte auf Leben und Tod (3. Auflage)

Heller als Licht. Biblische Gedichte (2. Auflage)

Ausblick ins Unendliche (mit Fotos von Barbara Wolfers)

Und er sucht Platz unter uns (Farbbilder von Trygve Skogrand)

Mit Engeln und Eseln. Weise Weihnachtsgeschichten
(auch als Hörbuch erhältlich)

Bibliografische Information der Deutschen Nationalbibliothek

Die Deutsche Nationalbibliothek verzeichnet diese Publikation
in der Deutschen Nationalbibliografie; detaillierte bibliografische
Daten sind im Internet über http://dnb.d-nb.de abrufbar.

© Echter Verlag GmbH
3. Auflage 2015
www.echter-verlag.de
Umschlag und Satz: Peter Hellmund
Druck und Bindung: Friedrich Pustet GmbH & Co. KG, Regensburg
ISBN 978-3-429-03295-1